PLANETA ANIMAL

LA ORCA

KATE RIGGS

CREATIVE EDUCATION • CREATIVE PAPERBACKS

Publicado por Creative Education
y Creative Paperbacks
P.O. Box 227, Mankato, Minnesota 56002
Creative Education y Creative Paperbacks son
marcas editoriales de The Creative Company
www.thecreativecompany.us

Diseño de The Design Lab
Producción de Angela Korte & Colin O'Dea
Dirección de arte de Rita Marshall
Impreso en los Estados Unidos de América
Traducción de TRAVOD, www.travod.com

Fotografías de Alamy (Arco Images GmbH, Design Pics Inc), Corbis (Norbert Wu/Science Faction), Dreamstime (Glen Gaffney, Kjersti Joergensen), Getty Images (David B. Fleetham, Rebecca Yale/Moment), iStockphoto (ivkovich, MAEK123, MMADIA, sethakan), Minden Pictures (Hiroya Minakuchi, Rhinie van Meurs/NIS)

Información del Catálogo de publicaciones de la Biblioteca del Congreso is available under PCN 2020907004.
ISBN 978-1-64026-468-7 (library binding)
ISBN 978-1-68277-006-1 (pbk)

Tabla de contenido

Las orcas son el tipo de delfín más grande que existe. Se encuentran en todos los océanos del mundo. La orca usa su cola y dos aletas para nadar. La aleta alta que está en la parte trasera es la aleta dorsal.

La cola de la orca tiene dos partes llamadas lóbulos (arriba).

La orca se sumergirá en lo profundo para atrapar peces y otra comida.

La mayoría de las orcas viven en océanos de aguas frías. Las orcas se mantienen calientes gracias a una gruesa capa de **grasa subcutánea**. Respiran aire a través de un **espiráculo**. Las orcas pueden nadar 40 millas (64.4 km) por día en busca de comida.

espiráculo un agujero que está en la parte superior de la cabeza de la orca y que se abre para que respire

grasa subcutánea la capa de grasa que se encuentra debajo de la piel de algunos animales marinos

Las orcas llegan a medir entre 18 y 28 pies (5.5–8.5 m) de largo. Una orca macho pesa hasta 13,000 libras (5,897 kg). Las hembras pesan alrededor de 8,000 libras (3,629 kg). A pesar de su tamaño, las orcas pueden saltar fuera del agua.

Las orcas también se llaman orcas asesinas.

Las orcas tienen una piel suave de color blanco y negro. Tienen manchas blancas cerca de los ojos. Tienen una gran mancha gris en el dorso. Esta "parche de silla" está justo detrás de la aleta dorsal.

Las orcas son curiosas e inteligentes.

Todas las orcas comen carne. Las orcas mayores enseñan a las jóvenes a cazar. Trabajan juntos como un equipo. Las orcas cazan peces, pingüinos, leones marinos, y focas. Algunas incluso comen ballenas o morsas.

Una orca levantará su cabeza sobre el agua para buscar presas.

La cría bebe la leche de su madre durante uno o dos años.

Una madre orca tiene una **cría** a la vez. Al nacer, la cría mide aproximadamente ocho pies (2.4 m) de largo. Sabe nadar apenas nace. La cría comienza a comer carne cuando tiene unos cuatro meses. Pesará más de 1,000 libras (454 kg) para su primer cumpleaños.

cría el bebé orca

Varias manadas pueden unirse brevemente, formando una "supermanada."

Las orcas viven en grupos llamados manadas. Hay alrededor de 20 orcas en una manada. Una hembra mayor lidera la manada. Algunas manadas permanecen en la misma zona durante mucho tiempo. Otras **migran** para seguir a sus **presas**.

migrar trasladarse de una zona a otra, especialmente de manera regular según las estaciones

presa animales que otros animales matan y comen

Cada manada de orca tiene su propio idioma. Los miembros de la manada "hablan" entre sí utilizando muchos sonidos. Hacen un sonido llamado "clic," silban, chirrían, y hacen pequeños estallidos. Las manadas usan estos sonidos para planificar las cacerías.

Las orcas se encuentran entre los mejores cazadores de los océanos.

La gente solía cazar orcas por su carne y su grasa subcutánea. Hoy, va a lugares como Canadá para ver manadas de orcas en el océano. ¡A la gente le gusta ver a estos grandes animales nadar y saltar!

En la naturaleza, las orcas pueden vivir durante entre 50 y 80 años.

Un cuento sobre orcas

La gente en Canadá solía contar una historia sobre cómo surgió la orca. Un día, el bote de un gran cazador se dio vuelta. Algunos leones marinos lo salvaron. Le dieron un cuchillo mágico. El cazador usó el cuchillo para tallar un animal usando un árbol. Cuando tocó el agua, se convirtió en una orca. La orca llevó al cazador a su casa.

Índice